El día más delicioso de mi vida

Acknowledgments

Original cover art based on a photograph of Emeterio Mantecón Herrera with permission from Emeterio Mantecón Siller.
Cover design by Richard Hansen of Poems for All.

Published by Prickly Pear Publishing
Santa Fe, New Mexico

For information, contact Prickly Pear Publishing, Santa Fe, NM
www.pricklypearpublishing.com

Library of Congress Cataloging-in-Publication Data

Names: Mantecón, Arturo, author
Title: El Día Más Delicioso De Mi Vida
Una Mezcla De Poetry + Prose
Description: Santa Fe : Prickly Pear Publishing [2022]

El Día Más Delicioso De Mi Vida Una Mezcla De Poetry + Prose
/ Arturo Mantecón, 1st Prickly Pear Publishing ed.
p.cm Poetry ISBN: 978-1-889568-11-9 (pbk.)
I. Title.
Chicano, Mexican-American, Texas.

10 9 8 7 6 5 4 3 2

CONTENIDOS DESCONTENTOS

FOREWORD

In this audacious poetry book, Arturo Mantecón astutamente restores a fundamental current in the Chicano/a and Latinx poetics, by abandoning once again the exclusive use of English or Spanish --the mere idea of monolingualism—and has laid down a Spanglish poetics. He creates a mixtures of the two, to account for the linguistic and expressive uses of bilingual people in the U.S., and to explore their vast cultural experience and aesthetic potentiality. As a result, we have una poesía bajtiniana [Bakhtinian], a carnaval of language, a border text, and a transcultural chant. In this long poem, we witness the juxtaposition of lyric and narrative poetry, hallucination and reality, high and popular culture, and all through the rhythm of code-switching.

The fact that Mantecón has created an alter ego, a poetic persona (una que todos llevamos dentro de nosotros and who suddenly takes the stage), is a major strategy. At one level its creation serves to underscore the genealogy of Chicano poetry and life in the Borderlands (as if Alurista fuera ese primo who invades Mantecón' brains); at the other, it represents a healthy stunt so the poet deja de hablar de sí mismo and lets other voices inhabit him. Mantecón's alter ego, we are not surprised, is called "Chango", but far from being a mono gramático embodies un mono bilingual, characterized by his "alertness and agility", and by his antics en el uso del Spanglish, con el que nos cuenta poetically his most delicious day of his life.

--Rubén Medina

Rubén Medina is a professor in the departments of Spanish & Portuguese And Chican@ & Latin@ Studies in the University of Wisconsin, Madison. He is a poet, translator, and scholar. He is also one of the founders (along with Roberto Bolaño and Mario Santiago Papasquiaro) of Infrarealism. *His latest book is an anthology of Infrarealist poetry: Perros habitados por las voces del desierto: poesía infrarrealista entre dos siglos, published in 2018 by LOM, Santiago, Chile*

INTRODUCTION

ARTURO MANTECÓN'S DELICIOUS DAY

But can I really
be sure what's
inside my skull?

Arturo Mantecón's new text, *El día más delicioso de mi vida*, is written under the pseudonym *Emeterio "El Chango" Landeros*. This writer, who has taken residence in Mantecón's brain, dictated this work to Arturo Mantecón himself. A recent example of pseudonymous poetry is that of the Mexican Mario Santiago Papasquiaro (José Alfredo Zendejas Pineda, some of whose works have been translated by Mantecón). A more egregious or famous example is that of the pluri-pseudonymous Portuguese poet Fernando Pessoa. Mantecón has always worked on the fringes of reality, whether in his own writing or in his translations. This piece, which purports to be the work of someone else, but who is related to him in some way, exactly how is explained in the preface, a distant kin of the Mantecón family, notable for something called El Gran Circo Mantecón. This book, in Spanish or English, is not a bilingual text (one in which the same text appears in both languages) but is a rare example of a book entirely written in code-switching (one in which the text switches back and forth between languages). This may cause some difficulty for a reader who is not fluent in one of the two idioms. On the other hand code-switching is how many people in bilingual communities think and speak. Once we have accepted the book's linguistic situation, which we can safely call Spanglish, we can move on to its inherent aesthetic nature. To quote Mantecón in the preface:

I will make no comment about the first four or five of his poems other than to say that I understand them very little or not at all, but their abstruse character is what I find most pleasing about them, for I have never been able to abide any artistic expression that I can understand.

The premise of this work is a little bit like that of *Don Quijote*, in which Cervantes would have us believe his text was written by someone else. Furthermore, what is the reader to understand of this code-switching text if its author cannot "abide any artistic expression" that he can understand? Whether the reader can understand *in toto* the language of this text or not, what ensues from the very start is a long, often Rabelaisian account of the most delightful day in the life of Mantecón's alter ego, Emeterio Landeros. Topographies shift from border towns such as Laredo to Michigan to various east European/ Soviet locales. There is a circus named after Mantecón, and the funeral of Tia Hermenegilda, and falling in love with a Yugoslavian girl named Kuzma Čorhodžić, and numerous descriptions of culinary delights and especially sweets, such as licorice allsorts or pecan pies. This unclassifiable text is generously illustrated with photos of the more enticing aspects of the poem, such as the aforementioned allsorts and pie. This droll narrative, supposedly encompassed in a single day, not unlike the chain of often discordant events that occur in Joyce's Ulysses or the night-long linguistic revolutions of Finnegans Wake, where shifts of language, geography or history, keep the reader on an oneiric edge, and where past and present collide with an often childish or whimsical pleasure. No matter what language is employed in the always unexpected switching, it should not deter the enjoyable flow of the sometimes nonsensical incidents in Emeterio's foible-filled day To what genre can we ascribe Mantecón's antic linguistic display? Is there a genre of poetry that insists on linguistic acrobatics foremost with the subject matter playfully interwoven as a matter of metaphysical alarm? The poly-semantic polyglot, usually in a form of Spanglish, work of John M. Bennett comes to mind. But Bennett's pieces are normally short poems coruscating with a black humor or political edge. Mantecón's text is more epic in scope, a run-on meditation as it were of the unconscious life of a semi-anonymous Mexican-American who has assumed the pseudonym of Emeterio "Chango" Landeros. Descendant of a circus family, so he says, Mantecón involves the reader in a whirligig panorama of sensations related to incidents whether real or imagined that pull the poem though often farcical juxtapositions in time and space. A confluence of cultures and readings inform this heady purée with an intelligence that is never far from the surface. The relation of this work to literature is debatable. Like the *Infrarrealista* poets as imagined by Roberto Bolaño and exemplified by the wild anti-poetry of Papasquiaro, Mantecón projects an attitude definitely anti-establishment, thumbing its nose at the academic centrist poetry that dominates the so-called literary universe today. Here is a good example of this strange work:

Then all was silent
Abrí mis ojos
and the big top was gone
the ring was gone
the stands were gone
the crowd was gone
el Circo Fantasma
se había desvanecido
My love was gone
y todo lo que podía ver
en el crepúsculo sin nubes
was the dark blue silhouette
of el Cerro de la Silla.

There is an inherent lyricism here and a nostalgia not just for a lost love, but for a landscape of memory that can only exist in poetry. The concluding sentence of this work, with its polyglot emphasis, sums up the dense oneiric quality of this text:

And I was, como dicen los alemanes, ein freier Vogel, y en lo que me pareció the most minimal flash of time, I was in my mustard Citroën, heading hacia el puente, y me di cuenta that it was, sin duda, the most delightful day of my life.

--Iván Argüelles

Iván Argüelles is one of this century's foremost surrealist poets. A polyglot and classicist, Argüelles has published numerous books. Some of his latest include:

Lagarto de mi corazon, 2018; *Cien sonetos*, 2019; *Testamentum : two alphabets*, 2020; *Diario di un ottogenario*, 2020; *Secret poem,* 2021, and *Tamazunchale, 2021,* all published *by* Luna Bisonte, Columbus, Ohio.

A RELUCTANT MEDIUM'S PREFACE

El día más delicioso de mi vida
Por Emeterio "El Chango" Landeros

I have been visited, of late, by a writer who insisted I should put aside all work on my putrescent novel and grant him the agency of my hands that he may express his persistent self. After more than a month of his nagging pleas and his crazy-making, constant appeals to our blood relationship...please, primo this and I beseech you, primo that...I decided to relent, for I could not withstand his non-stop cajoling murmur into my left ear. I have given him free rein. After all, he is, if what he tells me is true (and what he says does ring true), a real cousin of mine, though a somewhat distant and disembodied one, that is to say a distant cousin and an invisible man. He is not the first writer to take up residence unbidden in my brain, but he is certainly the first relative.

He is the great grandnephew of Carlos Landeros Mantecón, the son of Carlos Landeros (a notable circus performer, playwright, and vaudeville empresario) and Elvira Mantecón, sister to my grandfather, Jose Macedonio Mantecón, founder of El Gran Circo Mantecón. He was a love child (or so the pneumata of long-dead tíos and tías tell me by means of taps and knocks and wind-like moans), and the first five years of his life were spent shuttling between his aunt Wenceslada in Ciudad Acuña and his aunt Hermenegilda in Del Rio, Texas. He then was taken in by his godfather, Jim-Bo Herrera of San Marcos, who is a descendent of my paternal grandmother, Margarita--"Mague la carcelera"—Herrera.

For the last five years, he has haunted the streets of Laredo and has made himself a nuisance to family in Sabinas Hidalgo and Cadereyta Jimenez. He claims to have had remarkably strange and vivid experiences in all three cities.

He tells me he is called "Chango" because of his alertness and agility, but I suspect that others see the monkey in him because of his joy in the midst of chaos and his delight, not in his own mischief and disorder, but rather in the wild, pranking misbehavior of others.

So what does he offer us? Several of his poems are more like semi-coherent ekphrastic descriptions of surrealist pictures, others are rather sly pedestrian accounts broken into verse-like lines, and he spreads prose on the page as though it were a thick condiment on wry bread, narratives driven by maddening, endlessly parenthetical dialogs. All of it typed out by me, his flesh and blood amanuensis.

I will make no comment about the first four or five of his poems other than to say that I understand them very little or not at all, but their abstruse character is what I find most pleasing about them, for I have never been able to abide any artistic expression that I can understand.

--Arturo Mantecón

El día más delicioso de mi vida

por Emeterio "el Chango" Landeros

I.

¿qué decir?
and what to do
And, what to do

cuando las cosas go awry
y la realidad
parece tener sus raíces
en el wet slippery mud
cubierto de bear's grease,
cuando hombres y animales
and insurance agents
parecen coincidir entre sí
unexpectedly
and in strange ways
sin razón y sin
not even the weakest
of near rhyme

And I have resigned myself
a la mezquina actualidad
que mis quotidian apparitions
y assorted fata morganas
are beyond my feeble control
Dado que no tomo
ninguna droga más fuerte
que un puff ocasional
de seda de maíz,
I must be insane

if not downright plumb loco
He dejado de dormir
porque siempre estoy en dreamland

I can be talking
to my near-sighted urologist
when suddenly he appears to be
a squint-eyed
ratón
-a cat maybe-
perhaps a catmouse
such is la fluidez esencial
de las especies
within el estado
de sueño despierto
¿y cómo puede
cómo puede jugar
al gato y mouse?
Uno debe asumir
que solo puede disfrutar
de esa torturous amusement
with itself which
would be like
un cruel e indulgente
self-abuse?
¿sabes?

Yes, self-abuse

Quizás that's why
my urologist's eyes
are half-closed
casi siempre tal vez
and he drools

real copious like
out the corner of his
lifeless mouth
and through
sus wheel-like
dientes de rodent

Y ahora veo ante mi
a severed head
A blue head
with compound
ojos de insecto
de un azul
aún más profundo
y por casualidad
several of my
body parts are as blue
como el royal doultonware

Dig me?
Raros son los who dig me truly

Me gusta cómo
el artista
(I assume que
only an artista
puede crear these fantasmas
que me persiguen)
yes, I like
cómo el artista emplea
el color de blue

Believe me que these
hallucinatory figures

--que son como caras
y manos vistas
en yellow flickering
flames--
son comunes up and
down Benavides Street
cerca del pozo
y las brickyards
de antaño

--¿M'entiendes, Méndez?—

Y el pajarito
perched
on the ravaged nopal
is a mere outline in vermillion
con su sombrerito
de scraggly plumas
¡ay, avecito, como jodes!

Chirping and chirping
and chirping
con un chirrido incesante

Gimme a good old
gurgling booming rasping
urraca anytime,
a cassidix mexicanus,
if you please

Las cosas claras y
el chocolate espeso
and all will become
clearly thick

this day in July
cuando toco mi lira...
este dia veraniego,
the most delightful
day of my life

We may lose touch with sense
but not sensibilia
en las siguientes
exhibitions of vanity
for this is but the primero,
as the Roman numeral
(Romulus et Remus Romam aedificant)
makes very pero muy obvious

II.

CUANDO era yo
un niño balbuceante

mi tía Benche
me regaló con un
big plush yellow duck

No hablo
de un verdadero pato
comestible
que pone huevos
sino más bien
un peluche
meant to comfort children
in their loneliness
o para defenderse
de los terrores nocturnos

Supongo que la tia Benche
decidió que los teddy bears
weren't right for me

Había guardado
ese pato conmigo
well into adulthood
y lo llevaría bajo el brazo
everywhere I would go

One morning I awoke
to find myself
in the parlor
of 2209 Benavides
barrio La Ladrillera

un clapboard
ticurucho
que conocía very well
por las fotografías
tomadas before I was born,
una casita
que había sido
derribada algunos años before

And there
in the light filtering
through the gaps
en las paredes y el techo
del pobre domicilio
was Modesta Esquivel Alcorta,

la grande aunt
del primo Mantecón,
naked save for a rebozo
about her shoulders

She pointed
with an accusatory finger
a mi pato amarillo
con el que me había
acostado
the entire night
en un miserable
army-style cot

Y aunque el pato
nunca estuvo vivo
it was now evident that

si no estuviera muerto
that it was close to dying

La mujer spoke
and spoke severely:
"Sé consciente de
que el pato amarillo
necesitará tu ayuda
y probablemente
las ministraciones
de un veterinario
acostumbrado
a lo extraordinario,
porque está casi muerto,
un pato in extremis,
rígido en su lecho
de muerte,
la cama que domina
el dormitorio de tu
retiro de invierno"

Babea el pato
en la almohada
y una botella de yodo
ha rodado debajo
de la cama,
derramando
su contenido bermellón
por todo el piso
plagado
de conejitos de polvo

Las algas ondeaban
in wild semaphores
al pie de la cama.

Un arrendajo azul
con cresta
picoteaba
una tableta de aspirina
on the floor,
y sobre la mesita,
que los gabachos dicen
'night stand',
un vaso de agua,
un cepillo
para los dientes del pato
que él no tiene,
una seca calabaza rayada
sirviendo como florero,
y lleno de flores extrañas
semejantes
a los pericarpios
anís estrella.

"Tienes que ir
¡Debes irte!
¡Salir ahora!,"
Dijo Modesta Esquivel

"Y cuando te vayas
no prestes atención
al papel tapiz
extrañamente curioso
con patrones de serpientes
y rosas y manos humanas

No pares,
por amor de dios,
no prestes atención

al Boston terrier
que se pone de pie
y te ruega por el fémur bone
de un buey,
por amor de dios

Y no hagas ruido porque
el pato amarillo ya ha muerto
y los muertos no deben despertar

Y de ninguna ayuda son:
tu cara morena,
los cabellos oscuros,
tu nariz ancha
y dientes de conejo alambrados
¡Caray!
¡Qué ojos más grandes tienes!

Ojos clarines
No has descuidado
tu pintalabios varonil
Muy bueno…

Tanto depende
en una carretilla roja
pero este es azul
ni modo, hombre …"

And horrid faces
brotaron de las paredes
y un mirón named René Descartes
--his head dangerously close
to a green, immense
disembodied vagina

(Out of an excess
of curiosity
I measured this strange,
floating sexual organ
in the bloody aftermath:
38 inches top to bottom
and 19 inches across
[at rest, of course,
the vagina not me])…

René Descartes,
I say,
sticks his head
through the open door
of 2209 Benavides Street
and gazes maniacally
to project toward
your stupidity en forma de
un cone of discovery
a cone with an oval base--
geometría natural

III.

 this world
of personas
y velos

there are
un sinnúmero
de desfiles invisibles,
unseen but felt
como un rumor
del céfiro,
defiling marches
microbial
and magnificent,
not impelled
by bands of brass
sino la música
de seda
de araña
y el humo
that issues
de los
flame-consumed
cuerpitos
of wingèd fairies

And as I turned
off Benavides
onto Pinder,
the sun was eclipsed
by Saturn
and a yellow
small-pox moon

could be seen
en el cielo horrible
de tejas
and monkeys
brotaban de las
seed pods de
los huisaches
--vachellia farnesiana--
monos diminutos
como escarabajos,
y los monitos no monitos
fueron un terror
brincando rama a rama
en su ferviente búsqueda
de la Nada

 And as the changuitos
approached in menace,
sentí por los pelos
de mis antebrazos
una passing parada
en la dense humedad,
a parade
consisting ce
sólo un hombre
en un carro alegórico
--What else
could it have been?--
drawn by a lame
mystical he-goat with
distended, un-milkable
udders,

un chivo con ojos
bugging
from his curve-horned head,
and in the gay-colored
chariot,
the man with flames

in his pockets
reached out
with his
impossibly long fingers
for the low Laredo clouds
oozing con la leche
de miseria,
and his black hair

was swept back
por los vientos
aunque el día era
bastante still
y estancado

Y el chivo was traveling
slowly, haltingly,
and a leprous,
carbuncular
dog named Little Devil
chased after the parade
and a tiny man
in short pants
and top hat
did wind a hurdy-gurdy
...birds y otros seres alados...
nuthatches, ced waxwings, orioles,
y cenzontles

IV.

    found him cerca del pozo
    que ya no existe
    shadow boxing at noon
    at the zenith del sol
cuando sombras no hay

"Manos de Aluminio"
le dicen
por la flaqueza
de sus ponches

The sacred heart of Jesus
en su pechc
y spider webs
on his elbows

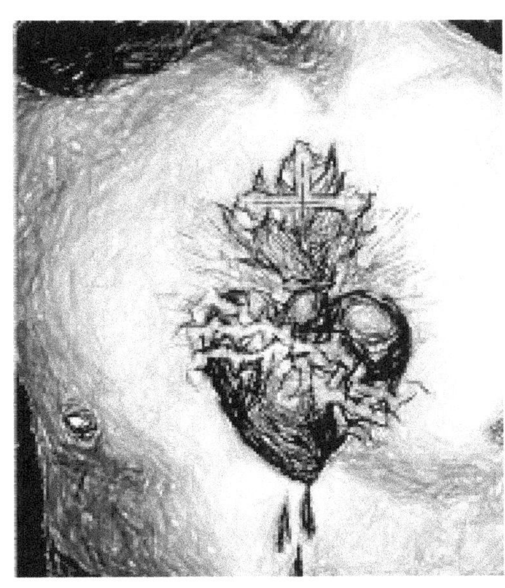

were los tatuajes
que lucía
y purple trunks de boxeo
con stars de cinco puntos

Y me saludó
con un holachango
and proceeded to tell me
how he had knocked out
in succession
in the space of an hour:
a little brown dog,
un gallo Rhode Island,
a fearsome cat

de callejón
that threw jabs
with its terrible
two-foot tongue,

and a python
that descended
from a great, sky-borne
masa de pelo enredado
and clotted blood
y que también era
cosa de miedo

And as he spoke
there were harpies
and palomas
transparentes
flying overhead
Shamrocks, estrellas
y corazones

V.

 tía Hermenegilda
Campos Mantecón,
with whom I lived
en Del Río

esporádicamente
hasta el kincer,
tenía colgado
en la pared
del living
un retrato
fotográfico
of a young man,
un güerito,
that looked like
it was taken
en los años 20
y el joven
--que era de un aspecto
agradable--
wore
una corbata
mariposa

El retrato
was simply framed
y mi tía
había ponido
una multidud
de bolas de algodón
in back of it
and all around it
so that el sujeto
parecía estar

17

surrounded
por las white nubes
de los heavens

Y el portrait ese
me fascinaba
mucho mucho
from una edad
casi primordial
y cuando le preguntaba
a ella who it was
she would answer
very curtly
"Un hombre"

Years later
when I visited her
desde San Marcos
I greeted her
con un cursory
par de palabras
e inmediatamente
went to admirar
the picture
of the man on the wall

I had learned to read
en los intervening
años y ya pude
decifrar
for the first time
la leyenda del marco:

Purvis Murkbourne

Tía ¿Quién demonios
era Purvis Murkbourne?

Y me contestó
que francamente
no supo
that she had seen
the picture
en una segunda
and was overcome
by such tristesse
a pensar que here,
on a shelf
with egg beaters
and chipped creamers
in the shape of a cow,
was someone's husband,
brother, and son

Y decidió there
and also then
rescatar a la imagen
del pobre cabrón
para darle
un lugar de honor
in her abode

Para ella
era un gesto
de caridad
ponerlo en la pared
a show of respect
a signal to the

departed
y los casi muertos
that the loved one
may have been
lost
but now was found

Con mucho disgusto
le dije a ella:

And here I thought
que este tipo chingado
was related to us!
Now you tell me
he is just
some random white guy!
Y la tía Hermenegilda
me dió un cachetazo
tremendo en el cheek
izquierdo
por mi impudencia
y falta de respeto

And I was stunned
by the blow and fell
to the floor
pero en vez de seeing
stars
I saw árboles con faldas
and a blue squirrel
perched on the trumpet
de la tía's antique
Victrola

I saw a giant pig
in blue jeans with a red
bandanna,
a girl in an apron
with a tray conveying
zanahorias, petits pois,
a jacketed papa horneada
de Idaho
and a long salchicha

And under the portrait
of Purvis Murkbourne,
I saw a Black woman
with long, braided hair
and cab door ears
slumped in a heap
on the floor
and silently weeping
big white tears.

VI.

 on my way
into el H-E-B
pa' comprar
mis groceries

cuando un niño rubio
llevando una chaqueta
de terciopelo
and sporting a twisted
and extremely floppy
corbata de moño
stood in my path
bloqueando la entrada

Sus labios,
encías y dientes
estaban cubiertos
y ennegrecidos.
con
una super sticky
sustancia
that I recognized
as regaliz—

"I like licorice
I like it very much"
me dijo el chamaco,
ofreciéndome una strand
de la negra confección

<<Gracias, pero no me gusta>>
I told the unnerving kid
who held his head
en un ángulo desafiante
y desafiantes eran
sus ojos
de color cornflower

<<Yo prefiero
ese particular sweet meat,>>
continué yo,
<<en otras formas
en otras presentaciones...
know what I mean?
...like Good & Plenties...
La coating de azúcar
takes the edge off
el condenado sabor de anís,
ya feel me?
Y me gusta,
I mean, I love con abandon
English allsorts>>

With that, the boy
16 years old or so
muy subitamente
perked up

"Allsorts!? Really?
That was Dylan Thomas'
favorite candy!"

This gold nugget
of information
no fué una novedad para mí
pero sí fué un asombro
oír este huerco,
todavía un mocoso,
more or less,
hablar de arcane
details de la vida
del vate galés.
<<How now, brown cow!>>
le dije, thrown for a loss
and not knowing
qué decir para expresar
la mezcla de admiracion
e incredulidad que sentía

<<Yeah, buddy,
me and Dylan,
big fans of the allsorts
Lástima que no se lo
puede hallar en este
blasted border town>>

"Oh yes you can!"
exclamó el chaval,
"The Walgreens
down the street
has them."

No sé what got into me
pero decidí posponer
la compra
de mis comestibles

and came out with
un decisive

<<¡Ándale! Let us hasten thither!>>

And I proceeded to accompany
this strange kid
la cuadra y media
down la calle Guadalupe

Era un indolent
walker and we stopped
y casi stumbled
muchas veces
along the way while
he fetched una larga
lombriz de regaliz
de su bolsillo
and dropped it
bird-fashion
down la garganta

"You should try one,"
me dijo,
"I get them from la China"

<<¿Porqué la china?
Can't you get 'em local?>>
I asked

"No!" respondió con un poco
de agravación
"I get them from 'la China',
'la China' Cantú

She makes them
in her kitchen
on San Bernardo

I think her real name
is Betty"

Luego comenzó
a explicar
que el regaliz
de la Betty o la China
or whoever
era muy especial
porque
el great god Hermes
gave her la receta

y que él tenía
la costumbre
de visitarla
en su cocina
--naked salvo
por su casco
y sandalias aladas--
para revolver
con su magical
caduceus
la concoction
de raíces
de glycyrrhiza glabra,
melaza, goma arábiga,
gelatina y etcétera

At this point,
querido lector,
estaba yo pondering
sobre la wisdom
de haber acompañado
a este uncanny huerco,
pero mi curiosidad
was all for sticking
with him

Mientras evaluaba yo
mi quandary en silencio,
de repente
the boy shifted gears

"Hey listen,"
quoth el chamaco
"That Wells Fargo
across the street
reminds me of
Saint-Séverin"

<<¿¡El Wells Fargo!?
Me estás
bromeando kid
¿Y te recuerda a qué?
¿El saintly monk o la iglesia
en París?>>

"The church, obviously,"
replicó él con un
aire de disdain
"More importantly,
it made me think

of this place
on the Rue de la Harpe
where they served
killer absinthe
back in the sixties"

Le recordé,
riendo up la manga
de mi camisa
que él no estaba vivo
en ese entonces

"Oh, you think
I'm talking about
the 1960's"

<<And you're not?>>

"Look, forget
about the allsorts
Let's go have some
absinthe"

<<Are you kidding me?
In Laredo?
¿En una taquería?
¿En el Popeye's?
At Luby's?>>

"No, man!
We can get it
at Charlie's place
He's got this

awesome
liquor collection
in his atelier'

<<Look, kid,
te dije que
no me gusta
el sabor de anís
Licores como ouzo
me dan azco>>

"Don't worry, man
The wormwood
and the sugar cube
will cancel that out"

<<I must be crazy>>
respondí
<<Sé que lo lamentaré
but I'm
an adventurous guy
¿Pero quién es Charlie,
y pa' donde queda su taller?>>

"You must know
Charlie Baudelaire, man
His place is
in an attic space
in the old Joe Brand
building on Hidalgo
You'll like Charlie,
he's a trip!"

No sé como me convencí
de seguir al chico
but follow him I did
No obstante los
cinco whirring
electric fans,
el calor en el taller
de Charles Baudelaire
--yeah, you got that right,
Charles Baudelair, autor
de "Las flores del mal"--
el calor, digo,
era tremendo
y le poète maudit,
llevando polo shirt
y Bermudas,
was sweating
como un puerco
en sus stifling
confines
on Hidalgo Street

y en un rincón del desván,
lounging en un diván
was una mulata
voluptuosa
bella pero bella
wearing coulottes
y nada más
y se comportaba ella
con un aire
que decía que
no le importaba
la mirada
de ningún hombre

She walked up and
brushed Charlie
to the side
con un leve
movimiento de la mano

"Hi, my name is Jeannie"

Y sus ojos eran
como dos oscuros
orbes de humo sólido

And we drifted away
a un lugar lejano
and we talked
y hablabamos
y platicabamos
por horas
o por días
yo no sé

ni recuerdo
de qué hablabamos
sino que Baudelaire
recitaba Poe,
Jeannie chanted
canciones vudú
con una voz singular
y el huerco ese
me reveló
que lo bautizaron
con tres nombres:
John Nicholas Arthur
y bebíamos
y bebíamos
copa tras copa
de la bruja glauca
and I remember
hovering near
the ceiling
mirando
a los demás
debajo
and I dreamed...

Soñé con
una luna blanca
chasing
una luna negra
across the skies
y cuando desperté
solo solo
sick and sick
unto death,
la habitación

estaba completamente
vacía
sin un solo
stick of furniture

All that remained
era una
mingled aroma
de blanqueador
y pescado de viernes
llenando
the oppressive
captive air

VII.

 dicho va
"Cada cabeza
es un mundo"
pero creo
que es un mundo
ultimamente
incognoscible

Supongo...
pos, suponer
es todo lo que soy capaz
de hacer...
que mi cráneo
está lleno
de sesos...
bueno, no llenísimo
es obvio

But can I really
be sure what's
inside my skull?

Quizás esté lleno
de algodón
o excelsior
o styrofoam
cacahuetes
or perhaps
even confetti...

Las dudas que tenía
en cuanto
a los contenidos
de la cabeza

aumentaría durante
mi estancia
en Sabinas Hidalgo

I had floated down
la carretera federal 85
para satisfacer
una vaga necesidad
de estar lejos
de la madding
crowd
and fortunately
tengo numerosos
cousins
en Sabinas

Uno en particular,
Máximo Varela Esquivel,
agreed to let me
stay with him
por unos cinco días

Mi primo Máximo
tiene una casita
en la Calle Escobedo,
colonia Barrio de Sonora
y al llegarme
por la tarde
mi primo Max
me ofreció,
muy amablemente,
leftovers
de cabrito al horno
con papas,
semitas turco y
--siendo él

un strict y notorio
teetotaler--
una botella de Sidral

<<Primo, la comida
se ve y huele
de maravilla,
y normalmente
la atacaría yo
con mucho entusiasmo
pero a veces
mi estómago
está tan emocionado
y caprichoso
como una doncella
de trece años
y no sé porqué
pero cuando mi vientre está
de humor femenino
mi apetito
se marchita y muere>>

Y mi primo
cluck clucked and
tisk tisked,
--en castellano
por supuesto--
and commiserated
sincerely,
opinando que
I would likely
find my appetite
by the morning,
me preguntó
if I would
al menos take un café
con pan dulce

<<Si, café solo, por favor>>
and was putting
the cup to my lips
cuando mi estómago
voluble told me that
lo que de verdad quería
era un sandwich
de brined beef
and here I was
donde era tan probable
que encontrara
an animated troupe
de mimos suecos
as a corned beef
sandwich

Si me encontrara
en el Polo Sur
sin duda tendría
ganas de una ensalada
de frutas tropicales
frescas

<<Puede parecer
una tontería decir esto,
primo, pero lo que
me encantaría
en este momenton
es un sángüich
de un lugar
en Ann Arbor
en donde se sirve
corned bif maravilloso>>
He stroked el punto
de la barba
y me dijo

"Ann Arbór...
un sángüich
cornbíf hecho
con hígado picado,
lechuga,
y salsa rusa
en pan de centeno...
mmmm...con mostaza fuerte...
¿Eso?
Estás hablando
de Zingermán ¿no?"

Astonishment no es
una palabra adecuada

<<¿Cómo carajo sabes
de Zingerman's, primo?>>

He responded
con un cuento largo
how hace una década
estaba en Chicago
trabajando
en un restaurante
chino
cuando por casualidad
he made the acquaintance
de una clienta,
una libanesa guapísima

Contaba el Max
que ella vivía
en Michigan
and that she was so
taken by him
que lo invitó
a Dearborn
para un fin de semana
de amor apasionado

Máximo Varela Esquivel
did not spare me
from any detail
of the love-making
that took place
over those two days
pero sonaba más
a un combate
de lucha libre
que a una cita amorosa

When the two sexual
athletes were done
estaban hambrientos

and Zingerman's is where
she took him
y donde se entregaron
a la glotonería heroica

While Max droned on
about his conquest
my eye wandered about
su humilde morada
y me di cuenta
por primera vez
que encima de la
range del horno
había una canasta
de huevos,
mas quiero decir
a heap of them,
¡un montículo de huevos!

Muy sheepishly
I inquired
of the cousin Max
<<Primo, ¿qué es esto?
No me digas
que estás poniendo
todos tus huevos
en una canasta>>

Pero mi witticism
pasó por encima
de su cabeza
so I forged ahead
and asked what all the
fruta de gallina
was all about

Me explicaba
que había hecho
y decorado
una cantidad
de cascarones
for a party
his little sobrina
was having con amigos

<<Oh, ¡cascarones!>>
I exclaimed
<<Son una gran cosa
durante Los Old
Spanish Days
en Santa Bárbara>>

And with that
Maximo broke into
what could be
described
--generosamente--
as song

"¡Que viva Changó,
Que viva Changó!
Y Santa Bárbara bendita
nuestro camino iluminó"

Le di un irónico
clap of the hands

"¿Quieres que
te enseñe mis huevos?
Um...mejor dicho
¿mis cascarones?"

Un nod afirmativo
y trajo la canasta
de huevos a la mesa
and what I saw
y lo que vi
fue una marvelous
wonder

Máximo Varela Esquivel
había ahuecado tres docenas
de huevos o más,
los había llenado
de confeti
y había pintado
las cabezas y rostros
de hombres y mujeres
famosos
en los huevos
con un pincel
de punta fina
Marie Antoinette
Attila the Hun
Mahoma
Jayne Mansfield
Charlie Chaplin
Benito Juárez
Evita Perón
Général Toussaint Louverture
Minnie Pearl
Nils Bohr
Soupy Sales...

In short, una gran
cantidad
de personajes famosos
y todos ellos
excelentemente
representados

Le dije
que no tenía idea
de que era
un gran artista
He shrugged his
narrow shoulders
y me desafió
a un perilous juego
He set six eggs
on the table
between us
y me explicó
que el juego
era una especie
de ruleta rusa

Cinco de los huevos
eran inofensivos
y solo tenían confeti
dentro de ellos

The sixth egg
was not filled
with multi-colored
bits of paper,

al contrario
estaba completo
con clara y yema

With that
he took the head
of Virginia Woolf
y rompió la cáscara
de la horse-faced
escritora
against my pate
y una pequeña quick-dying
air-borne flor de confeti
esparció sus pétalos
por todas partes

I retaliated
con la cabeza
de Georg Wilhelm
Friedrich Hegel
aplastándola
en destructive
síntesis
against the head
of my cousin
resultando
en otra explosión
de confeti

Máximo,
tal vez intuyendo
una progresión

filosófica,
tomó la cabeza
de Jean-Paul Sartre

and with
--en mi opinión--
fuerza excesiva
smashed the wall-eyed
existentialist
on my head

And a flood
of viscous
egg white and yolk
spotted with blood
corría por mi cara
y entraba en mis ojos

My cousin
was immediately sorry
and began to weep
"¡Ay, primo!
¡Esta será tu ruina!
¡Perderás todo
lo que tienes!
¡Huevo roto, bancarrota!

VIII.

yo en busca de

Me había wearied mucho
of the antics y disparates
de mi primo,
Máximo Varela Esquivel

Estaba yo en busca de

Era su wont
de levantarse
temprano en la mañana
para recoger
pequeñas pebbles
up and down la calle
and bring them home
en una canasta

Estaba yo en busca de

Luego las contaría
cientos y hundreds
de ellas

He would count them, digo,
y luego he would
wash them
con agua y jabón

Luego las volvería
a contar
antes de salir
in the cool
of the late afternoon
para poner
cada uno de ellas
back where he found it
"Embelleciendo el mundo"
is what he called it

Estaba yo en busca de

Several times lo escuché
en su bedroom
en una conversación
en voz alta con Serapia
his long-dead mother
suplicándola que regresara
to make him
machacado con huevo
just one more time

Estaba yo en busca de

Dejaba la ventana
de su habitación
abierta at night
to encourage
los murciélagos
a entrar en la casa

Dijo que comieron
los mosquitos

y las moths
that were bent on
atormentarlo
y molestarlo

Me tocó to bat
los murciélagos
out the door
con una escoba
por la mañana

Estaba yo en busca de

Así que para escapar
his mad society
de caprichos
y excentricidades

I wandered las calles
de Sabinas Hidalgo
en una búsqueda
vaga e inefable

Estaba yo en busca de

En la calle Morelos,
close to la Wafflería,
I came upon
a strange young girl
con la mirada perdida

Tenía dientes de castor
y trenzas pigtail

Tenía una cruz
on her forearm
dibujada con un Sharpie

Sus rodillas
were incredibly knobby
que la hacía parecer
as though she had
dos pelotas de béisbol
inside her legs

Ella había atado
un poodle
--asumí que era su caniche--
to a power pole
y el pobre perro
lay bellyup
con las patas en el aire
aparentemente muerto
Junto a la niña
había un bucket of water
y una barrra
de jabón Lirio

Un reyezuelo estaba perched
sobre la nariz
of the dead poodle
y otro little wren
aparentemente
in an extreme expresión
de empatía
estaba
on its back
con sus legs
sticking up

Estaba yo en busca de
...algo

and I had found it

Esto era
lo que había estado
buscando

This was it
inequívocamente
SÍ
YES OUI
JA

IX.

 mi tía Hermenegilda
le encantaba ir
a las tiendas
thrift

For her
the casi diarias
outings
a esos lugares
eran más ccmo
archaeological
digs
que búsquedas
de un toaster oven
funcional

De hecho, y de hecho,
los mundanos
desechados
of nameless souls
vibrarían
and their owners
dead or forgotten
le susurrarían
desde las apertures
de taza rajada
y scuffed shoe

Cada cookie jar
y cazuela
de barro
era una calavera
de Yorick

Amaba a mi tía
pero dejé escapar
a merry smile
a pesar de mí mismo
when my padrino Jim-Bo
llamó para decirme
que Hermenegilda
Campos Mantecón
había sido
run over and killed
por un troca
del Salvation Army

Así que I took
my leave
of my eccentric
primo Max
and hopped on
on a White Star
rumbo a Ciudad Acuña

Twelve
horas miserables
después
crucé a Del Río,
too late for el rosario
and the mass
pero a tiempo
para el entierro
y la aftergathering,
I did not regret
no haberla visto
en su ataúd abierto

Prefiero recordar
el rostro
vivaz y exasperado
de mi tía
que la cara plácida
y serena
stretched y composed
by some director
de pompas fúnebres

Su casket fue bajado
into the pit of the grave
y el sacerdote
who led
las oraciónes
bade us each take up
a clump of earth
del pequeño hillock
amontonadc
por la backhoe

Tiré mi terrón
--earthworms and all--
y estaba pondering
sobre lo imponderable
mientras sufría
en mis "nice' shoes
cuando un extraño tipo
--smelling like a goat
who has stopped caring
lo que otros chivos
might think of him--
arrojó en el hoyo
un cast iron
woodpecker dispensador
of toothpicks

Debo confesar
que mientras otros
gritaban
su indignación
y disgusto
at this
acto extraordinario,
I laughed
and clapped my hands
en señal de aprobación

The stinky weirdo
se sintió ofendido
por los regaños
of the gathered folk

"Don't you guys get it!
Hilda loved shit
like that woodpecker!
She would approve, man!"

I agreed with him
de todo corazón
and I stood up for him
diciendo que era
apropiado y fitting
que mi tía fuera
enterrada
with something
that would have given
her
joy

Los presentes
who knew her well
saw the validity
de lo que decíamos
y las ceremonias
procedieron
sin further ado Me volví
para encarar a mi
new-found friend
and took in
su apariencia
casi espantosa,
all the while
holding my breath
por temor a inhalar
los mephitic odors
que emanaban de su cuerpo

Llevaba una camisa
with black and red
horizontal rayas,
pantalones cargo,
y una fedora gris

¡¡Pero su cara!!
Estaba llena
de pockmarks
and was scarred
por una antigua
but unforgettable
plaga de acné

Su nariz
era estrecha

and bent
hacia un lado
como si
se hubiera roto
in a fight

Su upper lip,
mejillas and chin
estaban poblados
por los pelos
más wispy del planeta

Su barba,
if it could have been
called a beard,
era blond
but it was
gradualmente
becoming white,
de modo que
it presented un color
verging on green I had to resist
la tentación
de limpiarle la cara
con mi handkerchief

Su rostro parecía
estar rayado
with a vile damp
mold

No obstante eso,
I extended la mano

<<Hermenegilda
was my aunt
Did you know her well?
Mi nombre es Emeterio
pero me llaman 'Chango'
You can call me Tello>>

No me ofreció su hand
for a shake
sino que me miró fixedly
es decir
su ojo izquierdo
me miró directamente
mientras su ojo derecho
miraba hacia la periferia

Sus ojos parecían poder
girar and shift
independently of each other
como un camaleón africano

Con ojo
mirando a la derecha
mientras la nariz
apuntaba to the left
was almost
too much for me
to take

Quería yo reír
o gritar de terror
I couldn't decide which

"Meskins call me 'Hierbas'"

he mumbled
y de repente
he did a precise right face
y se alejó

La recepción y la comida
was being held en el salón
de los Knights of Columbus
so I bummed a ride out there
y me divertí hablando
con los amigos de mi tía
and shimmering up and down
la pista de baile
with some of las lindas
who were present

Las lady parishioners
de Nuestra Señora de Guadalupe
hicieron un bang up job
con la comida

Había carnitas,
chiles rellenos
calabacitas,
y un bitchin' mole
que comí con indulgencia

There were chiquihuites
llenos de tortillas
y el arroz y frijoles
de rigueur

Estaba yo
chomping down

on un DIY taco
de gallina en mole
when I spied el "Hierbas"
de pie
en la open doorway

Tenía el disquieting
aspecto
de un fantasma opaco

I beckoned him
y negó con la cabeza
so I sidled up to him
tratando de integrarlo
into the scene

<<Deberías probar
some of this mole ¡Es la bomba!>>

"Yeah? I'm glad
you like it
I made it"

<<¿Hiciste este mole?
Good job, man!
Come on in
y únete a la fiesta>>

"No, no I can't"

<<¿¡Porqué no!?>>

"Because I made the mole
You see...

I wanted it
to be something
special,
so I put
some peyote buttons
and flowers in it"

<<¿¡Peyote en el mole!?>>

"Yeah, I don't want
to stick around
because some people
could get mad"

Me volví
to observe
the crowd in the hall

Nadie estaba actuando
de forma extraña

Nadie parecía
estar en distress

No one was retching

No one appeared to be
luchando con demonios
or singing to angels <<I don't know
whether to believe...>>
But he was gone
El Hierbas
desapareció

I went outside
para ver
if I could see him
and I scanned
el horizonte y,
a media distancia,
vi un espléndido ciervo,
an enormous
twelve-point buck,
un ciervo monárquico

The stag stepped forward
y se dirigió hacia
el Knights of Columbus hall
y parecía estar
gazing at me directly

El venado se detuvo
next to a holly bush
and from the bush
salió my dear dead auntie
a quien había ayudado
a enterrar
just a couple
of hours antes
El ciervo rose
on its hind legs
y le ofreció
una pierna delantera,
like a human arm,
and Hermenegilda Campos
estaba vestida
con una túnica diáfana
y encima de su cabeza

una corona de acebo
y caminaban los dos
con una gravedad real
arm in arm
la luna creciente
y venus juntos,
and toward me
they walked, con una lentitud
algo siniestra
como un destino
inexorable

X.

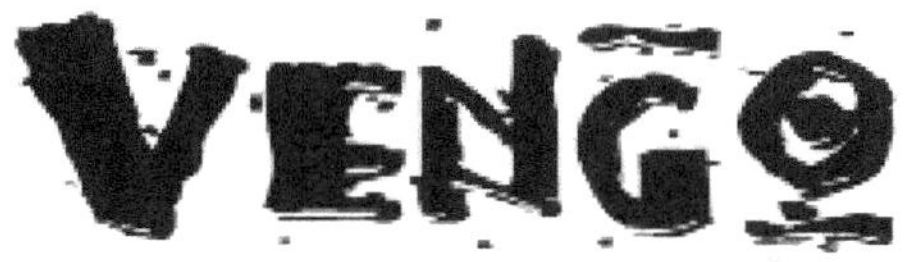

de una circus family
es decir
que dos o tres
generaciones atrás

I had progenitores
who had varying
cantidades de aserrín
en sus
ya restringidas
venas
Los Landeros
y los Mantecón

softly weaponized
la vulgaridad del circo
y tambien las tablas
del vodevil mexicano
and sundry variety acts
and inflicted these forms
of amor lumpen
on la chicanada
de texas
y aveces
Albuquerque
y aveces
Alexandria...
(Luisiana
that is
y no Egipto)
and sometimes

Chattanooga
y Chicago
donde sea que la raza
worked and struggled

and had a few centavos
para frotar together
para su diversión

Es decir tambien
que he derivado
no genetic benefit
from these antepasados
I cannot juggle
ninguna cosa
tridimensional
I am not
an equestrian
trickster
No puedo rebotar
con ninguna gracia
en un trampolín
No puedo balancearme
de un trapeze
No puedo contorsionar
mi cuerpo
en nudos
No puedo
y no quiero
tragar una espada
of any length
No me verás
metiéndome
en un cañón

Some have remarked
que una nariz de goma roja
and outlandish shoes
would not look out of place

adornando mi persona,
but aside from a fairly
decent singing voice
y poseyendo
un mínimo de ingenio
I am essentially
sin talent

That said
I have a knack
un don que no deseo tener
of attracting
and drawing to me
gente que está
en los más sórdidos
aspectos del mundo
de show biz

They see me
and right off
sidle up
jurando arriba y abajo
que me conocen de algún
tent show or carnival
or have seen me
sawing someone in half

en el Kewadin Casino
en Sault Ste. Marie

I remember one woman
in particular
Her name was...
but I mustn't

get ahead of myself

Empecemos
con los panqueques...

Right after my tía's interment
Estaba yo en San Marcos,
visiting mi padrino
Jim-Bo Herrera
No pudo asistir al funeral
por ser anciano
y estar enfermo
and also
because he loathed
la tía Hermenegilda,
no sé por qué...
algo sobre cómo ella
lo acusó de ser
un cheat at lotería

¿Cómo haces trampa
en un juego como ese?
Do you put
a dessicated bean
on the picture of la rana
en lugar del borracho?
Beats me

Entonces
lo estaba visitando
y me pidió
que lo llevara al IHOP

He was pawing and mumbling
over the carte du jour,

tratando sin éxito
de decidir entre
the short stack
or the full stack
of the buttermilk
flapjacks,
cuando la palabra murmurada
"buttermilk"
me hizo girar en el spiral
de los recuerdos
of the woman

I was anxious to describe
y cuando mi padrino
empezó a luchar
con la importante pregunta
of what would adorn his
short stack
--jarabe de arándanos
or some execrable
treacle
masquerading as maple--
by that time
estaba yo completamente
de regreso en 1989
en la muy noble
y leal ciudad
de Cadereyta Jiménez
checking in with some
of the clan Mantecón
que son de una rama
of a bough of the family
tree de los Mantecón
que nunca llegaron a ser

artistes
but instead prospered
vendiendo una myriad
of sausages and pâtés,
with side action
--handled by a passel of cuñados--
in the wholesale dealing
of tripe, uña de vaca
and pigs trotters

Y así fue
que ese día lluvioso
me encontraba
in the flagship shop
of Don Pantaleón Mantecón
Urbalejo,
venerable director ejecutivo
de Amor y Salchichas
the sin par sausage emporium
de todo México
where
the most discriminating
Wurstliebhaber
can find
su alegría particular

I asked my cousin
why his enterprise
was called
Amor y Salchichas

<<Puedo entender
por qué 'salchicha'
es parte del nombre

de la empresa, pero
¿qué tiene que ver
el amor con tu negocio?>>

Él respondió que
si era lo suficientemente
paciente,
it would soon become
obvious even to cynical me
why "Love"
era parte
del nombre
de la empresa

Una carcajada
estaba a punto
de escapar de mi boca
when the little bell
clavada en la puerta
tintineó quite spritefully
to announce that someone
had opened it

Me volví to take in
una hermosa joven
in blue beret
falda corta
y botas
hasta las rodillas

El cabello oscuro
los ojos azules
del tamaño de silver dollars
and the high cheek bones

were impossible
for a lad of twenty-four
to ignore

Sin saludos ni small talk
de ningún tipo
hizo su franca pregunta
a Don Pantaleón
in passable
but halting castellano

"¿Hay cevapcici hoy?
Es decir,
¿se las vende aquí?"

No tenía yo ni idea
de lo que es
o lo que son cevapcici
but Don Pantaleón
was not fazed
in the slightest
He answered
that Amor y Salchichas
did not carry
Croatian sausages

"Pero tenemos algo parecido:
un embutido elaborado
con cabrito molido,
pimentón ahumado y ajo"

This suited
the presumably Yugoslavian
girl

to a solid T
y pidió una docena
of the fragrant wonders,
y mientras Don Pantaleón
rasgaba una hoja
de butcher paper
y cortaba
un trozo de twine,
me acerqué sigilosamente
to this absolute doll

<<Are you from Croatia?>>
Estaba un poco sorprendida
de que hablara inglés
pero respondió
con un flash
of her perfect teeth

"Yes...yes I am
But I live
since thirteen years old
in Russia"

I had the opening I so wanted
Le pregunté cómo fue
que llegó a México
y dónde aprendió español

She tucked her sausages
debajo del brazo
y me sonrió
...again
teeth white and fearsome

"That is long story
Very long
But a story I think
a performer like you
would understand
I am right, yes?
Comic, yes? Sad clown?"

Protesté que
yo no era
un performer
But a sad clown?
Arguably so

"I don't believe you!
You are a liar,
little man!
Take me somewhere
Buy me coffee and
cake, and I will tell
you story"

Afortunadamente
estábamos a solo
dos puertas down
from Mister Pay
where we had
none of the pay
sino que optamos
por el coffee cake
y el espresso

Entre bocados de pastel
y sorbos de su taza

she gave me the outline
of her history

Her name was
Kuzma Čorhodžić
Nació en el Adriático
en la antigua ciudad romana
de Pula.
By the time
she was twelve
su talento como acróbata
y tumbler
era obvio para todos

Quería entrenar
como gimnasta
and compete
in the Olympics
pero los entrenadores
que la evaluaron
les dijeron
a sus padres
que pronto sería
too heavy to be
una gimnasta competitiva
como ya estaba
sólidamente construida
with the thick legs
of a speed skater

Decepcionada y enojada
she tried out for the
Moscow Circus
y le dieron una prueba

y rápidamente
se convirtió
en una artista famosa
y excéntrica
that people
flocked
to the big tent
to see

Pronto se hizo evidente
que podía hacer más
que saltos mortales
y paradas de manos

She could pull a train
of wagons
carrying elephants
camels, and lions
y un tiburón
en un enorme tanque
de agua…
she could pull
estas imposibles
living loads
con una cuerda
held in her beautiful
clenched teeth,
but it was her lungs
that were truly
remarkable

She could inflate
pigs' bladders
y neumáticos

de bicicleta
con su propio aliento
until they burst
y podía hacerlo
con solo cinco puffs

She became the talk
of all Europe

Los franceses
la llamaron
"la Belle Pompe"
y los alemanes
la apodaron
"Sturm im Mund"

She became the mistress
de un funcionario
del Ministerio
de Cultura soviético
who was
forty years her senior
She tired of him
and wanted
to break off the affair
pero él la amenazó
diciendo que si lo dejaba
la acusaría
de delitos
sociopolíticos
y la enviaría
a Siberia

She carefully planned
her escape

y cuando el circo
estaba en Praga
friends surreptitiously
la llevó de noche
a una granja lechera

There, she was given
a long metal tube
y fue sumergida desnuda
in a vat
of buttermilk
and the vat fue llevada
en camión
a la vía férrea
donde fue colocada
in a freight car
con destino a Viena

Once in Vienna
Kuzma Čorhodžić
was discovered,
was washed clean
of the buttermilk
y la llevaron
a la embajada
estadounidense
donde solicitó asilo

Ambassador
Extraordinary
and Plenipotentiary
Helene A. von Damm
había visto actuar
a Kuzma y estaba
encantada de conocerla

She recommended
Kuzma Čorhodžić
for asylum
and legal residency
en los Estados Unidos
de América
y ella se convirtió
en un éxito en los States
con el show
de Carson & Barnes

A waggish payaso
incapaz
de pronunciar su nombre
called her
Cootchie Carruthers
and it stuck
and became
su nombre artístico
in the US
pero a su debido
tiempo
her sexual
entanglements
volvieron
a causar problemas

Un maestro de ring
dictatorial
fue dulce con ella
al principio
but he became rough
with slaps

and strangling
en la violenta
persecución
de su placer
egoísta

When Carson & Barnes
was in San Antonio
ella se puso en contacto
con un agente
del Circo Hermanos Vásquez
y comenzó a presentarse
en todo México

where she became known
as
"la Kuky Cuchita"

<<So are you here
in Cadereyta
with Circo Vásquez?>>

"No. I quit.
Boyfriend problems again
Am now with

Circo Fantasma
Small circus
No problems
I am happy"

I said I would like
to see her perform
"See me? Why just see me?
Be my partner!
You are circus, yes?"

Nuevamente protesté
que no era artista
pero no pude resistir
showing her
una foto vieja
of my great grand
aunt and uncle
Gloria and Carlos
hoofing around
on the boards
en el Teatro Liberty
in Jerome, Arizona

"It is all lies
that you are not umjetnik!
Perform with me
I know you want to do it
I know you want me
I see how you look at me"

Ella tomó mis manos
entre las suyas
Ella me miraba a los ojos
por un largo tiempo
constante
and with a grave
serious tone
of voice she asked
'Do you love me?"

No puedo explicar
por qué respondí
con locura
that yes
I was very much

in love with her
"Ah...then you
must pass test
No sex for year
If you really love me,
my darling,
you will pass test
Then I know love is true
Come with me now
I am on in two hours
Watch me ringside
Plan how you will be
my funny assistant
my clever darling
love
Come with me
You are mine
I am yours
This night
después del show
we will eat
kobasice together
we will sleep together
in true love embrace
True love, mi amor"

I was so carried away
by extreme infatuation
que no sé cómo
llegábamos
al Circo Fantasma
It seemed that
en un parpadeo
I had a ringside seat

watching my love
la Kuky Cuchita
hold a tight rope taut
con sus magníficos incisivos
mientras una gorda payasa
con sombrilla y tutú
bailaba y saltaba
sobre la cuerda

After the clown
took her bows
La Kuky,
con gran floritura,
held a bicycle inner tube
over her head
y lentamente rodeó
la pista del circo

She assumed the center
y un foco
de luz rosa brillante
illuminated her
as she applied her lips
to the cut nipple
del anillo de goma

Cinco inhalaciones
profundas
five
cheek-distending
puffs
and the inner tube
exploded
con un tremendous
report,

the blast

sending her reeling
backward

Aplausos
ensordecedores
ensued
and she was brought
una llanta de carro
y con gran fanfarria
se anunció que
the great
Kuky Cuchita
would inflate
and explode
a Michelin
steel-belted radial,
"¡La primera vez
que se ha intentado
tal hazaña!"

Apenas podía creer
lo que escuché
y estaba mirando
How could
any human being
accomplish
such a thing?

My Cootchie
breathed deep
y empezó a llenar
the grim black tire

con el aire
de sus pulmones--
five puffs
diez puffs
twenty puffs
todos debajo
de la carpa
estaban en silencio

Kuzma Čorhodžić
tottered and seemed
on the brink of passing out

She turned
to where I was sitting
con sus salchichas
acunadas
en mi regazo
y gritó ella:
"¡Esta noche
y para siempre,
my darling!"

The twenty-seventh puff
and a big
BANG!!
como ambos barrels
de una ten gauge
escopeta going off

Cerré los ojos
reflexively
as un viento fuerte
me quitó el sombrero

y silbó en mis oídos

Then all was silent
Abrí mis ojos
and the big top was gone
the ring was gone
the stands were gone
the crowd was gone
el Circo Fantasma
se había desvanecido

My love was gone
y todo lo que podía ver
en el crepúsculo sin nubes
was the dark blue silhouette
of el Cerro de la Silla.

XI.

 love!
Oh love!
What love!

Ya no recuerdo
quién fue
who told me
que el Circo Fantasma
estaba wintering
en Yellowknife
en la orilla norte
del Great Slave Lake
ni quién me susurró
in the old
waxy ear
que la Kuky
fue vista no hace mucho
busking en la estación
calle 24 de BART
en San Francisco
tocando a mean sax
por monedas y
greenbacks

I didn't believe ninguno
de estos misteriosos
rumores
I mean...
I suppose
que si Circo Fantasma
pudiera desaparecer
en el darkling twilight
de Cadereyta

--payasos, carpa,
avestruz, ballyhoo,
oso bailarín, sideshow,
roustabouts,
vendedores
de cacahuate,
audience
and all--
entonces
it jolly well podría
reincorporarse
and materialize
en el frío glacial
of the Northwest Territories,
pero
en cuanto a la Kuky,
she was gone
y estoy seguro
that she is gone
para siempre
porque si mi amor
estuviera
en este planeta,
I would know,
podría sentir
su presencia

I would feel
her warm breath
on my cheek

¡Ay, amor!

Y por eso prefiero
contemplar

her absence here,
sitting junto a la fuente
in Bruni Plaza
realizing
the dark void
de su inexistencia
in the presence
of the passing
spectacle
en Washington Street,
la calle Washington
en Laredo,
un paisaje
con corazones,
corazones viejos
and muy muy young
corazones rojos
hearts covered
in yellowish fat
corazones pierced
by siete espadas
corazones aflame
corazones beating
corazones muertos

Oh, love! What love!

And a bitch in pearls
wriggles past
la llantería
Firestone
another bitch in tow
her blouse blued
her skirt a pink horror

y su corazón
in this hot unto
melting
landscape
es del mismo
ghastly white
que sus zapatos
de plataforma

El gran logro
de ella
is that she stands
on hind legs
y le pide a la perrita
que se ponga de pie
and they dance,
and they jump and twirl
en el driveway
del Firestone

Oh love! What love!

Y dos amantes teen
aparecen lentamente
a la vista
heads close together,
sus lenguas saliendo
to lightly touch
en un frenching discreto
y casi sorrowful
caminando
side by side

Oh, love! ¡Qué amor!

And see!
the pardo
de día tomcat
has leapt down
from the huisache
un cardenal
en la boca

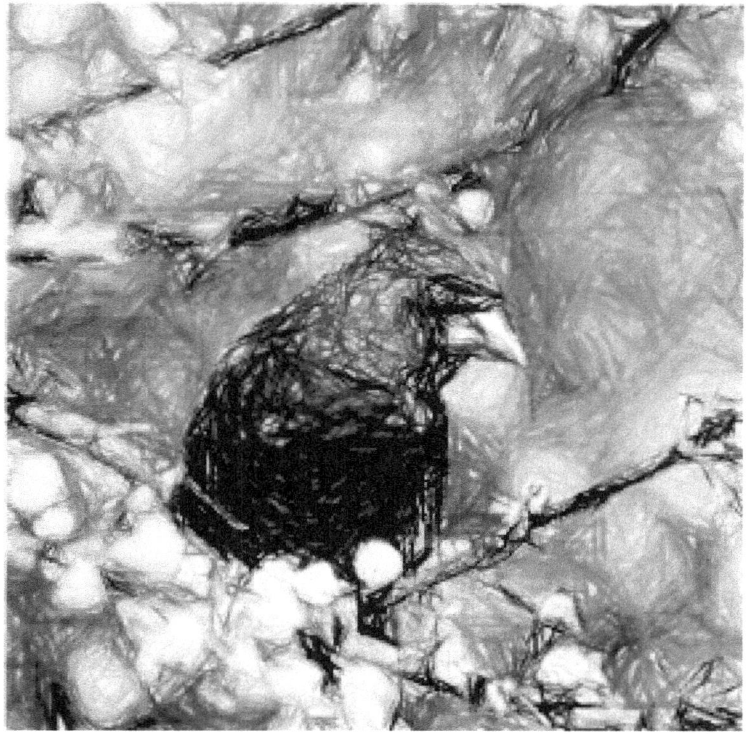

y coloca
el pájaro herido
sobre el cemento
ardiente
and points to it
with his
white-mittened paw
the bird twitching
and reddening

as it slowly dies
under the reptiling sun,
and I see
that the cat
has but one eye
y me imagino
que veo una gorra
de marinero
en la cabeza
del gato

The cat
cat chat kat
is a squinty old salt

Oh, love! Oh love!

Y mientras me siento
fascinado
por el cardenal
y el gato
un joven se sienta
muy cerca de mí
en el borde
de la fuente
tan ruidoso
y triste,
y yo veo
un joven
envuelto
in fine
lino blanco
una sábana
most likely

con una flor roja
creciendo de su pecho
direct through the cloth

Oh, what a hell of a love!

He tells me he was stabbed
by his love's jealous husband
cuando los encontró
in a beautifu struggle
en la cama
in which the man
y su mujer
had begat
their only child

"He stabbed me!"
he says
"I can't say I blame him
but now it looks like
I will now surely die!"

<<I will call for some medics>>
me encuentro deciendo
al philandering boy,
the unfortunate rake
who had gone much too far

"No, please
just leave me
Please leave me be
though I must confess
I have painful regret
that my mother

cannot be here
to comb my black hair
my black hair all tangled
and redolent
of Petunia's
poison perfume
Please leave me die
Oh, let me die!
I will die by this fountain
in terrible thirst
I will die as sure
as that bird over yonder
the red bird that shivers
in the cruel Texas heat"

And I look up to see
the tomcat triumphant
carrying the cardinal
as tribute or feast

Oh, love! Oh, my love
Oh, love. What a love!
What a love it is
for which we all die!

XII.

 was nothing I could do por el joven mujeriego desgraciado que se derrumbó a mi lado all dressed in white linen...300 thread count creo...

Le ofrecí llamar a una ambulancia, but he would have none of it e insistió en que prefería morir, that he wanted to die right there en Bruni Plaza next to the fountain frente a la biblioteca pública.

Me alejé de él.

Era domingo. The library was closed y la placita vacía y estaba yo muy seguro que no one else witnessed la sangre que se filtraba de su pecho perforado por una daga, save perhaps for el gato gris con white mittens.

I simply walked away.

Por lo que sé, nadie se molestó en ayudarlo. No one bothered to put him in the cold clay, and he was consumed por zopilotes and crows y avispones y larvas de mosca for all I know...
Así que me quedé como si estuviera on the lam for a couple of weeks en cierto escondite que tengo disponible en Shiner and checked daily for news reports de un muchacho que murió envuelto en una sábana ensangrentada en Laredo...
y zilch.

Después de una fortnight I figured que the dogs habían llevado los huesos del pobre muchacho y decidí regresar a la ciudad de siete banderas.

Así que con confianza I bopped down 35 en mi recien comprado deux chevaux-vapeur, y siendo la temporada de la sandía, decidí

parar en Dilley which, for those few non-tejanos que pueden seguir the jive mestizaje de mis frases, es la legendaria meca of the watermelon for the throbbing entirety del mundo cristiano.

I checked out la fiesta de la sandía of Saint Joseph's church y estaba yo tapping on some stripers en uno de los puestos cuando vi una willowy figure de un hombre frente a mí with his back turned to me y estaba muy seguro that I knew him from somewhere mas ese somewhere wasn't Tejas.

Era extraordinaria la manera en que su cuerpo se inclinaba ante la más mínima brisa as though he were a cattail reed or a stalk of hierba timotea.

I decided to hazard un nombre in the direction of este hombre delgado y aparentemente sin huesos.

<<¡Atanasio! ¿Eres tu?>>

Sin volverse para mirarme y sin apartar los ojos de las pecan pays que estaba examinando el hombre flaco respondió:

"Good afternoon, Emeterio. I have been waiting for you for some time. You had to have spent a good two hours and twenty-seven minutes in the Shinerville Coffee House. I would say two cups of French press Chiapas beans, and you insisted that they grind them fresh for each cup, did you not? A pecan scone and a blueberry muffin not to mention the derriere-devouring leather couch, into which you sank, must have made you tarry overlong"

Estaba yo tan asombrado por la precisión of his description of mi mañana in Shiner que yo farfullé, and I yammered and gasped como una foca asmática.

<<¿Cómo supiste que estaba en?...But how did you?...¿Cómo sabes que?...el café...el escón...el sofá and how long I...How?>>

The man known to all who know him as "la Tripa" (No sé cómo lo llaman los que no lo conocen, but I am sure they have handles and monnikers at the ready, tal es el efecto que este strikingly unique man tiene en todos, si vulgar o refinado, ignorante o sabio.) at last turned about to face me.

La Tripa let out a sigh as elongated as his absurdly thin neck y me miró por un momento with the thick brow above his right eye formando un arco alto of deft critical examination.
Su aire era el de un hombre que sufre una leve decepción.

"Why concern yourself, Landeros, with how I come to my conclusions? What a bore it all is! I am not a worthy object of fascination. If you think that I have some sort of superior deductive reasoning powers, you are mistaken. All my ratiocinations are inductive. My estimates of the probability of events all have their margins of error. Simply knowing you and your predelictions and habits reduces those error margins considerably. The specks of nutmeg on your shirtfront, the deep creases in the seat of your pants, could have led me to the conclusion that you were mixing cookie dough sitting in a rattan chair, but other evidentiary incidentals and a knowledge of your haunts and ways led me down a more likely path."

<<Nutmeg on my shirt and wrinkles in my pants? How did you manage to see all that without looking at me?>>

"What sort of answer do you expect me to give to that question, Landeros? I can assure you that the process by which I am able to assess the appearance and disposition of a man without looking at him would bore you almost as much as the question itself bores me. Your cousin Mantecón thinks that I am some sort of intuitive Sherlock Holmes. Don't make the same mistake. I am not some absurd cartoon character. I use all my senses. I make informed divinations, and I make my calculations of probability with great speed. Explanations, I reiterate, bore me, and explaining my reasonings to someone incapable of understanding exasperates me. Ask me something else."

Well now, tengo que decir que sabía yo muy bien que Atanasio Palafox es un hombre dolorosamente franco, pero ¿"incapaz de comprender"? Eso, amigos míos, wounded this bearer of a literary degree from Wayne State to the quick.

<<Okay. Parlons d'autre chose. ¿Qué haces aquí en Dilley, Atanasio? I know that you are from Cotulla, but I also know that you rarely venture beyond the Sacramento city limits and that you are seldom seen outside of Alkali Flats.>>

"What you say is true. I would not have left Sacramento without an incentive. I am not in these parts with any intention of visiting Cotulla nor am I here for watermelons, or any other local delights, though I must admit that the pies at this booth look very tempting. I am in Texas on assignment."

<<Assignment? Assignment to do what? Assigned by whom?>>

"If you had been paying attention, Emeterio, you would have taken note of my statement that I had been waiting for you for some hours. I am in Texas at the request of Webb County Sheriff Mario Santos Junior. Would you care to have some pecan pie with me over yonder, in the shade of that huisache?"

XIII.

 un cierto elusive quality of pecan pies, un no sé qué that has a calming effect. And when I took a seat at la mesa de picnic under the huisache with Atanasio Palafox, a.k.a La Tripa, necesitaba yo un poco de calma.

For when La Tripa me dijo que estaba on assignment for el Alguacil de Webb, I was overcome por la cold sweat certeza de que pronto iba a ser puesto under arrest, porque sólo pude concluir that he had tracked me down porque alguien must have seen me with that poor lad que fue

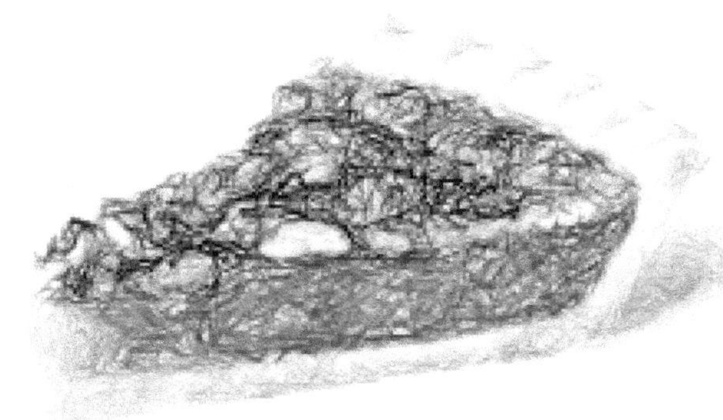

apuñalado por un hombre cornudo.

En cualquier caso, un mero bocado of the encrusted concoction of nuts, huevos y mantequilla, azúcar morena and Karo syrup brought out the complacent fatalist in me, and I was willing, después del segundo bocado, to offer mis finas muñecas to La Tripa so that he could snap las esposas on me.

<<Llévame and book me, Atanasio. I'm ready to talk. I know I should have called for help, pero no hice nada para dañar a ese chico.>>

"I am not going to arrest you nor have you arraigned."

<<You're not going to arrest me?>>

"That was the express import of what I just said, Emeterio. I am glad that, for once, you are paying attention to my statements."

<<I don't get it. ¿No me estabas buscando? What are you doing for the Webb County sheriff?>>

"Make no mistake, Emeterio. I was looking for you, and I know full well that a young man named Hazen Pettybone died at your feet in a public park and yet you did not seek assistance or call an ambulance. You simply walked away from him as though his bloody moribund body was of no significance."

<<Entonces, ¿me estás diciendo que lo que hice no fue un crimen?>>

"The crime consists in what you did not do."

<<I see, but ¿por qué no me vas a arrestar?>>

"Because I was hired to find the murderer, not the man who watched the boy die, and you are not culpable in his death. He died in less than a minute after you left. An ambulance full of medics would have done him no good."

<<How did you deduce all that? ¿Qué evidencia dejé?>>

"I did not deduce anything, my dear Chango. The whole thing was captured by a surveillance camera. You've finished your pie. I suggest that we proceed to Laredo."

<<¿Qué haremos allí?>>

"I will explain all en route. Do you have a vehicle? I travelled here by thumb."

<<Yes. Tengo un Citroën color mostaza.>>

"Of course you do."

 Tripa, como probablemente no lo sepas ya que probablemente no lo conoces, is not wont to iniciar diálogos. So, cuando dijo que me explicaría todo en camino a Laredo, I realized that I would have to dig it out of him usando el método socrático. Five miles into the journey, agarré the white suave rueda de plástico of the 2cv y me aclaré ceremoniosamente la garganta.

<<What is guilt, Atanasio? What is innocence? ¿Se puede decir que son  ideas absolutas o es que sus significados dependen de las circunstancias?>>

"There is no need for this, my dear Chango. If you want a discussion of guilt, I would refer you to the Anglo Saxon translation of the Greek of the Lord's Prayer. We could have a parenthetical discussion on the difference between sins of commission and sins of omission. We could do all that, but what you really want to know is whether or not you can be punished for something you failed to do."

<<Confieso que esperaba that you could answer esa pregunta por mí. It worries me.>>

"The library surveillance camera captured you with your right shoulder turned away from its field of view, and the broad-brimmed Panama that you wore obscured your face."

<<El sombrero fue un regalo de Mark Statman, un amigo de Mantecón. I'll have to thank him.>>

"I recognized you right away, but the Laredo constabulary has no clue to your identity. I have no intention of, as they say in old detective novels, 'fingering you'."

<<I am indebted to you, Atanasio.>>

"Yes, and you will pay that debt at a time and in a manner of my choosing. But all I require from you for now is to help me find the perpetrator of this murder."

"I have a couple of clues. I know that it was a crime of passion. I know that the perpetrator was a wronged husband and that the young man was his wife's lover. I even know her name."

"Save it, Landeros. That it was a crime of passion is almost painfully obvious. You will tell me the rest of what you think you know once we get to Bruni Plaza and seat ourselves on the basin wall of the fountain."

And we coursed our way down la treintaicinco en silencio. At Cotulla, La Tripa, que nació en esa aldea, shut his eyes como si no quería contemplar the water towers of the town y ni ver la signage que indicó la propinquity of Tacos Palenque and the Dairy Queen.

Tan pronto como cruzamos el Nueces, he perked up y abrió los ojos to contemplate las polvorientas vistas del mezquite and blackbrush. En Encinal, me arriesgué a un <<How are you faring?>> solo para recibir un immediate snore.

At Botines, esa bulliciosa metrópolis, me sorprendió un poco cuando mi pequeño Citroën left the road. Con eso no quiero decir que we veered off the road, rather sería más exacto decir que los cuatro neumáticos of the two horses lifted off the asphalt y el pequeño coche angled up toward the wispy clouds.

Estaba tratando de averiguar how I had manipulated la palanca de cambios or the steering wheel para poner el auto en flight mode.

When we had achieved about mil pies de altura, La Tripa came to life. He looked out the window y llegó a uno de sus rápidos análisis.

"We are flying, Landeros."

<<I don't think there is any denying that, Atanasio. pero no tengo ni idea de como ni por que.>>

"That matters little, Emeterio, but we must land this craft soon, preferably in an isolated area. If we set down on San Agustín Avenue, it will likely cause some dismay, not to mention panic, amongst the pedestrian Laredoans."

<<Yes, but how do I bring this carcancha back to earth!?>>

XV.

 is a parking space over there, Landeros. There. To the right."

I parallelled my Citroën into the tight space con una facilidad magistral. I can't say que exhibí el mismo aplomb when bringing el auto in for a landing en cinco bone-shaking rebotes en un parque industrial on the outskirts of Laredo, pero aquí estoy vivo para contar la historia.

La Tripa and I caminamos hacia la fuente burbujeante en Bruni Plaza.

"Let's sit where you were seated when Hazen Pettybone approached you wrapped in a bloody sheet."

It was uno de esos días de Laredo, calurosos y horriblemente húmedos, cuando caminas ten paces y estás gastado y buscando somewhere, anywhere, for un establecimiento in which you can gulp un vaso de té helado.

<<Okay, Atanasio, what...>>

"Hush!"

And so I hushed. Me callé en ese flagpole-wilting calor for what seemed like an hour.

<<Atanasio, it's hot!!>>

"Can't you keep quiet for one minute? Accept the heat. Defy the sun. Tell the sun that you want more heat. More heat! There is no furnace in hell that can satisfy your desire for heat."

Hice lo que me dijo, and it worked. In ten minutes, no sentí ninguna molestia. I waited for La Tripa to break the silence.

"Very good. Now tell me what you think you know without embellishment or surmise."

<<Te diré todo lo que sé con certeza. I had been watching a tomcat, allá en calle Washington, un gato cazando y matando a un cardenal, when the young man llegó stumbling sobre la hierba y se derrumbó a mi lado. Noté que estaba wrapped in white linen y que había una mancha de sangre que se expandía gradualmente over the sheet. Me dijo que el esposo de su amada caught them together in bed y lo había apuñalado. He managed to break away y dirigirse a Bruni Plaza. He refused help y me dijo que prefería morir aquí junto a la fuente. He told me that el nombre de su amante was Petunia y que tenía un perfume venenoso. Dijo que solo lamentaba que su madre was not there to comb his hair and comfort him.>>

"Landeros, look to the left...that man over there by the Valero station."

And I looked, y un hombre de rostro enrojecido, barrel chested, cabello ralo, con camisa color de rosa and burgundy pants cruzó San Bernardo and walked through el arco morisco and into the park. En su mano derecha había algo largo, thin, metálico and sharp. ¿Un picahielos?

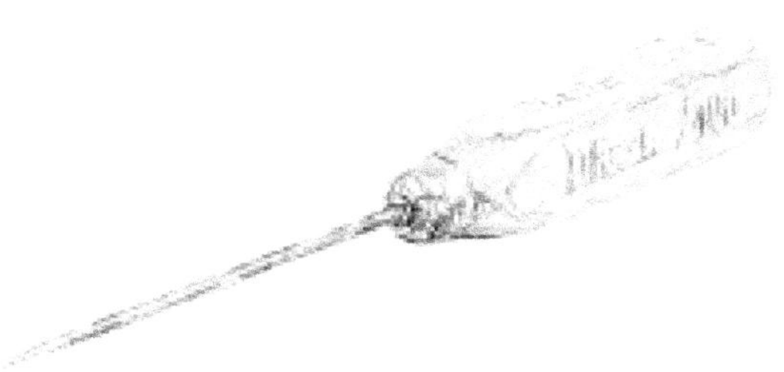

La Tripa se puso de pie and wavered and fluidly bent como una eel intentando ponerse on tiptoes.

"Are you Zaragoza Robles Calzacorta?"

El hombre hizo una grimace as though he'd been slapped in the face. Asintó afirmativamente a la pregunta and walked toward us menacingly, ice pick en mano.

As he approached, I scampered up to la puerta de la biblioteca. La Tripa se mantuvo firme.

"Did you stab and kill Hazen Pettybone?"

--Yes, I killed the little bastard!

Y el cielo perdió todo color, and two black clouds converged en lo alto, seeming a mere 100 feet above us. Chocaron y una espesa red rain fell upon Zaragoza Robles, cayó sobre él solo como si se tratara de un private downpour, y la lluvia or the blood or whatever the devil it was cayó sobre su rostro vuelto hacia arriba, fell into his awed gaping mouth y manchó su ropa roja y roja and red. Gritó, and piteously wailed the name of Petunia.

Dio un paso más and began to crumble. Se desmoronó into frágiles fragmentos negros y grises that were like bits of coal and slag y brasas gastadas hasta que no fue más que un heap de dross and rubble.

La Tripa se acercó al montón de escombros that once was a man y sacó una amplia white paper bag del bolsillo de su abrigo. Sin volverse a mirarme gritó:

"Landeros! Please fetch the whisk broom you have in your car."

Corrí y le traje la escobita.

<<¿Qué vas a hacer con esto...this whatever it is, Atanasio?>>

"I will take this ice pick and these remains to the Sheriff for DNA analysis, and I will inform him that Petunia Cochón de Robles has been murdered in her home at 1014 San Eduardo Avenue. I thank you, Emeterio Landeros, for summoning this vile killer. You are now free to leave and go wherever you like."

And I was, como dicen los alemanes, ein freier Vogel, y en lo que me pareció the most minimal flash of time, I was in my mustard Citroën, heading hacia el puente, y me di cuenta that it was, sin duda, the most delightful day of my life.

Emeterio Celedonio Landeros is a writer and wide-ranging flâneur born in Ciudad Acuña, Coahuila, date unknown. He obtained a Master of Fine Arts degree from Wayne State University where he studied (intermittently for nine years) under the writhing and foaming Bernard Levine. His "Trabajos de amor hallados" will appear in 2022 and "Y la salamandra was consumed por el fuego" is a work in progress.

Arturo Mantecón is a literary translator and a poet plagued by voices whose poems have appeared in various reviews and anthologies. His books of translation include three volumes of the collected works of Leopoldo María Panero and selected works by Francisco Ferrer Lerín and Mario Santiago Papasquiaro. " Before the Night Comes" a collection of poems by one of his heteronyms, José Primitivo Charlevoix, will be published this year by Nomadic Press.

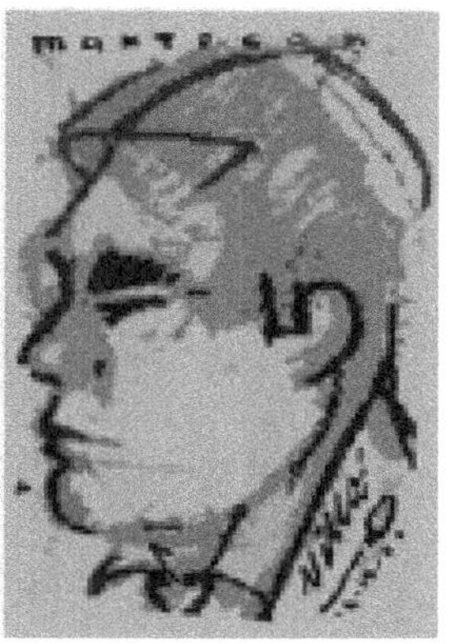

Artwork by Esteban Villa